I0485391

La Nueva Matriz de Inversión

de Inversión

La Guía de Inversiones Actualizada y Definitiva

Wayne Walker

© Derechos de autor 2021 por Wayne Walker. Todos los derechos reservados.

Este libro fue escrito con el objetivo de brindar información lo más precisa y confiable posible. Se debe consultar a los profesionales según sea necesario antes de emprender cualquiera de las acciones aquí respaldadas.

Esta declaración se considera justa y válida tanto por la Asociación de Abogados de Estados Unidos como por el Comité de la Asociación de Editores y es legalmente vinculante en todo Estados Unidos.

Además, la transmisión, duplicación o reproducción de cualquiera de los siguientes trabajos, incluida información precisa, será considerado un acto ilegal, independientemente de que se realice de forma electrónica o impresa. La legalidad se extiende a la creación de una copia secundaria o terciaria de la obra o una copia grabada y solo está permitida con el consentimiento expreso y por escrito del Editor. Todos los derechos adicionales están reservados.

a información en las páginas siguientes se considera en general como un relato veraz y preciso de los hechos y, como tal, cualquier falta de atención, uso o mal uso de la información en cuestión por parte del lector hará que las acciones resultantes sean únicamente de su competencia. No hay escenarios en los que el editor o el autor original de este trabajo pueda ser considerado responsable de cualquier dificultad o daño que pueda ocurrirles después de realizar la información aquí descrita..

Contenido

Descargo de responsabilidad

Los consejos y estrategias contenidos en este libro se basan en mis experiencias y opiniones de opciones de inversión personales, y pueden no ser apropiados para su situación.

Introducción

En este libro exploraremos la inversión de la manera más completa posible. El objetivo es crear sistemáticamente un plan de inversión que vaya más allá de las estrategias de inversión tradicionales. Los "clásicos" no serán tirados a la basura sino que se mirarán desde diferentes ángulos. Me siento seguro al afirmar que esta matriz de inversión actualizada proporcionará a los lectores una nueva forma de ver la inversión. Como escribo a menudo en mis libros, la libertad es el objetivo y hay muchas, muchas formas de llegar allí, que incluyen el uso de nuevas clases de activos. En las próximas páginas, usted (el lector) también será considerado como una clase de activo. Todo el mundo conoce las acciones, los bonos, etc., y los examinaremos, pero también debemos analizar la clase de activos más importante ... usted.

La Clase Más Importante de Activos

de Activos

USTED

Usted

¡Sí, usted! Comenzamos con la clase de activos más importante. No hay necesidad de preocuparse, obviamente llegaremos a lo "real" de los activos del mercado de capitales, pero en la matriz de inversión para 2021 y más allá, ignorarse a sí mismo como una clase de activo en mi opinión es un error. Si usted, la persona como activo, no se está desarrollando o no está protegido, los otros activos tradicionales están en riesgo. Para aquellos que han leído mis otros libros, saben que me gusta ir al grano sin que tome cientos de páginas y no los defraudaré.

Dormir

Lo necesita. Olvídese de las falsas tonterías machistas de trabajar mes tras mes con tres o cuatro horas de sueño durante un ciclo de veinticuatro horas. Note que mencioné ciclo y no cada noche; esto se debe a que reconozco que todos somos diferentes y que ejecutamos sistemas diferentes. Soy un noctámbulo desesperado, y en mi mundo, trabajar hasta las dos o las tres de la mañana es la norma para mis colegas y para mí. Sin embargo, para otros ese no es el caso, un amigo mío cercano se levanta todos los días a las 7 a.m. o antes; por suerte no compartimos la misma casa. En lo que todos estamos de acuerdo es en que durante un ciclo de veinticuatro horas es importante dormir lo suficiente, idealmente de siete a nueve horas. Como no somos robots, puede, por ejemplo, tomar siete horas de una sola vez y luego una hora de siesta, si su trabajo o negocio lo permite. Asegurarse de dormir lo suficiente es una excelente manera de proteger el activo número uno: usted. Estar más alerta le permite analizar mejor las otras clases de activos y probablemente lo convierte en una persona más amigable.

Ayuno intermitente (IF)

El ayuno intermitente (IF – *sigas en inglés para intermittent fasting)* es una de las mejores cosas que he hecho en mi vida personal. Con el ayuno intermitente hay una Ventana de tiempo en la que comes y otra en los que no. Por ejemplo, no comes entre las 9 p.m. y 1 p.m. (al día siguiente) y comes durante las otras horas. Esta versión se llama 16/8 en el mundo del ayuno intermitente, pero existen otros métodos. Tenga en cuenta que esta no es una dieta, por lo tanto, no entra y sale de ella. Este es un estilo de vida, un patrón de alimentación. Como no es una dieta, puede comer lo que quiera en el medio, idealmente saludable, pero eso depende de usted. Con el tiempo, lo que la mayoría de las personas experimenta después de comenzar es una disminución notable de la grasa corporal y un aumento de energía. Esos fueron los resultados para mí. Además, mi vida se hizo más fácil porque solo me ocupo de preparar dos comidas al día en lugar de las tradicionales tres o cuatro. No soy dietista ni médico, por lo que este no es un consejo médico. Los estudios y resultados de personas de todo el mundo que practican el ayuno intermitente son fáciles de verificar con una simple búsqueda en Internet.

Idiomas extranjeros

Aprender un idioma extranjero es uno de los mejores regalos que puedes darte. Siempre me encanta un buen debate, pero este es un tema sobre el que podemos omitir el debate ya que los beneficios son abrumadores. Los idiomas pueden aumentar su valor personal, profesional o comercial. Este consejo es más para personas en países que son conocidos por resistirse a aprender otros idiomas. En Europa, donde vivo la mayor parte del año, y especialmente en Escandinavia, es común hablar dos o tres idiomas con fluidez. Hablo tres idiomas (inglés, español, danés), más un dialecto.

Personalmente, puedo señalar claramente varias oportunidades comerciales, personales y románticas que se han presentado debido a mis habilidades en idiomas extranjeros. Esta es realmente una habilidad que aumenta el valor de usted como activo y es divertido.

Aprendizaje continuo

Cerramos su clase de activo con uno de mis pasatiempos favoritos, que es el aprendizaje continuo. Creo que la mayoría de los adultos son conscientes de que el aprendizaje nunca se detiene. Lo que aprendemos en escuelas, universidades, etc. es solo la base o plataforma que usamos para un mayor desarrollo. Recuerdo que en mis propias graduaciones mis padres siempre me recordaban que el momento no era el final sino el principio. Tenían razón como de costumbre.

Este aprendizaje continuo podría ser en forma de una nueva certificación como una licencia de bienes raíces o simplemente un deseo privado, por ejemplo, tomar una lección de vuelo. Por mi parte, recibo coaching en áreas que quiero desarrollar más. Obviamente, lo que aprende depende de usted, pero el punto es estar vivo mientras está vivo. Vi a mi padre que, hasta su fallecimiento, a los ochenta, siempre estuvo tomando algún tipo de clase. No tengo pruebas científicas para ello, pero me di cuenta de que, en comparación con algunos de sus compañeros, los problemas mentales que a menudo acompañan a los ancianos, como la pérdida de memoria, ciertamente tuvieron poco o ningún efecto en él.

Resumen de Inversiones

Aclarar objetivos

Ahora que hemos cubierto su clase de activo, es hora de avanzar hacia el mundo de las clases de activos que son negociables. Si bien usted, como clase de activo, es la más valiosa, la mayoría de las personas, a menos que sean atletas profesionales, no están demasiado locas por ser intercambiadas.

Cubriremos una variedad de temas, pero antes de iniciar nuestro viaje, debemos tener un objetivo claro. Este es el momento para determinar cuál es el objetivo para usted. Todos queremos ganar dinero, pero ¿cuál es su enfoque u objetivo? ¿Es la preservación del capital, los ingresos o la apreciación del capital? Dependiendo de su selección, las diferentes clases de activos y estrategias recibirán un mayor énfasis. Tampoco debería sorprender que sus objetivos dependan de su posición en la vida y sus circunstancias personales. Un recién graduado de veinticinco años y una viuda de sesenta y dos probablemente tendrán necesidades drásticamente diferentes.

Verifique su tolerancia al riesgo

Ya sea que esté negociando o invirtiendo, su tolerancia al riesgo debe establecerse antes de apretar el gatillo de una inversión. ¿Una caída en el valor de sus inversiones le haría perder el sueño? Antes de decidir qué inversiones son adecuadas para usted, debe saber cuánto riesgo está dispuesto a asumir. Ese nivel de riesgo, como se mencionó anteriormente, depende en gran medida de dónde se encuentre en la vida: recién graduado, profesional a mitad de carrera, una viuda, etc.

¿Prefiere escalar rocas a leer una buena novela en su patio trasero? Los inversores a menudo encuentran que su estilo de vida y la tolerancia al riesgo de inversión no coinciden. Puede tener a la viuda a la que le encanta el paracaidismo, pero su objetivo, en términos de inversión, es la preservación del capital.

Seleccionar inversiones

Antes de elegir las inversiones que pasarán a formar parte de su cartera de inversiones, se dejará guiar por los conceptos de asignación de activos y diversificación. En la asignación de activos, equilibra el riesgo / beneficio mediante la diversificación entre las diferentes clases de activos. Al diversificar, evita exponer su cartera a riesgos innecesarios. Volveremos a estos temas y los exploraremos más profundamente a medida que avancemos.

Emociones

Controlar las emociones es una de las tareas más desafiantes para muchos inversores, tan desafiante que se han escrito libros solo sobre este tema. Incluso los profesionales luchan con eso a veces; No es extraño que algunos bancos y casas de inversión tengan personal de salud mental solo para sus traders y administradores de fondos.

En la medida de lo posible, debe evitar permitir que el miedo o la codicia inflen sus pérdidas o limiten sus ganancias. Cualquier inversor debe esperar y sentirse cómodo con tener una cierta cantidad de fluctuaciones a corto plazo en sus carteras sin entrar en modo de pánico.

La codicia puede llevar a un inversor a mantener un activo durante demasiado tiempo con la esperanza de que aumente de valor, incluso si el precio sigue cayendo durante un período prolongado de tiempo. El miedo, por otro lado, puede hacer que un inversionista venda una inversión prematuramente o evitar que venda una inversión claramente perdedora. Obviamente, si su cartera le da noches de insomnio, lo mejor es hablar con su asesor de inversiones.

Revisar y ajustar

El último paso en su viaje de inversión es revisar su cartera. Una vez que haya establecido una estrategia de asignación, es posible que descubra que las ponderaciones de sus activos han cambiado en el transcurso de un trimestre o un año.

Seleccionar un asesor de inversiones

El asesor adecuado para usted depende en gran medida de la cantidad de tiempo que esté dispuesto a dedicar a sus inversiones. Algunas personas ven la inversión como un pasatiempo y quieren involucrarse profundamente, para otras es una tarea que deben evitar. Su elección de asesor depende de cómo se evalúe. Muchas instituciones ofrecen diferentes niveles de atención; a menudo depende del valor de su cartera. Algunas personas seleccionan a alguien independiente de la institución en la que tienen sus inversiones, pero esa es una decisión personal.

Inversión de Valor Patrimonial

Acciones

L as acciones, también conocidas como valores, suelen ser la forma más común para muchas personas de ingresar al mundo de la inversión. Incluso si no compran acciones individuales por su cuenta, a menudo tienen exposición a través de sus fondos de pensiones.

Existen riesgos relacionados con cualquier acción, pero tiene el beneficio de una potencial revalorización del capital e ingresos en forma de dividendos dependiendo de la acción. Dado que se trata de empresas públicas, puede encontrar fácilmente información sobre ellas para realizar un análisis.

Inversión de valor

El principio importante de la inversión en valores es encontrar empresas que coticen por debajo de su valor real o inherente. Dos profesores de la Universidad de Columbia presentaron la estrategia por primera vez en la década de 1930, y desde entonces muchos otros han aplicado su propia interpretación de la estrategia.

Los inversores buscan acciones con fundamentos sólidos: flujo de caja, ganancias, dividendos, etc. Las empresas deben ser valoradas incorrectamente por el mercado y tener un buen potencial para incrementar su valor. En términos sencillos, estas acciones se negocian a precio de ganga y su valor aumentará cuando el mercado corrija este error de valoración.

No basura sino valor real

Algunos nuevos practicantes de la inversión en valor malinterpretan la estrategia como simplemente comprar acciones que están bajando de precio, ya que en teoría ahora son baratas. Un ejemplo de esto podría ser que la acción de AB se cotiza a $ 100 por acción y de repente cae a $ 78. Esta caída no califica automáticamente a las acciones de AB como candidatas para la inversión en valor. Lo único que sabemos en este momento es que la empresa cotiza a un precio más bajo. De hecho, la caída del precio de la acción AB podría ser un reflejo de problemas reales en la empresa.

Los inversores de valor real harán un análisis en profundidad para descubrir empresas que sean baratas dados los *fundamentos* de la empresa. Por lo tanto, si una acción cae de $ 100 a $ 78, para aparecer en el radar de inversión de valor, la empresa debe tener los fundamentos o un valor intrínseco de más de $ 78. A lo que estamos prestando atención es al precio real de la acción en relación con el valor intrínseco. Esto no debe confundirse con comparar el precio actual con los precios históricos de las acciones.

La fórmula:

Valor intrínseco = Ingresos actuales x (8.5 + 2 x Tasa de crecimiento anual esperada)

La cifra de crecimiento que debería esperarse en los próximos siete a diez años.

Aplicación práctica de la inversión en valor

El ejemplo brillante de los conceptos de inversión en valor aplicados se puede ver con Warren Buffet y lo que ha hecho con Berkshire Hathaway. Su aplicación de la estrategia ha producido un rendimiento de miles por ciento. Berkshire suele superar el rendimiento del índice S&P 500 por un margen notable.

Un enfoque diferente

Los inversores de valor ven una acción como una forma a través de la cual una persona se convierte en parte o en pleno propietario de una empresa. Compran o invierten en una empresa, no solo en acciones. Esperan obtener ganancias de su propiedad de una empresa de calidad que produzca beneficios a largo plazo. Esto contrasta significativamente con el inversor medio, que a menudo se centra más en los movimientos de precios a corto plazo.

El foco del inversor de valor está en el valor de las acciones subyacentes y no en las fluctuaciones diarias del mercado a corto plazo. Los movimientos a corto plazo de acuerdo con la estrategia de inversión en valor son de menor importancia a largo plazo.

¿Dónde puede encontrar acciones de valor?

Las acciones de valor se pueden encontrar en casi todos los mercados disponibles, por ejemplo, NYSE, DAX y muchos otros en todo el mundo. También puede encontrarlos en una variedad de industrias, incluida la tecnología y las finanzas, solo por nombrar algunas.

Muchos inversionistas en su búsqueda de candidatos para invertir en valor comienzan en industrias que han experimentado exageradas reacciones negativas recientes en el mercado. Esto puede ser en respuesta a noticias o simplemente cambios a corto plazo en los gustos. Por ejemplo, la industria de la energía, que tiene una naturaleza cíclica, ofrece oportunidades durante los períodos de subvaloración. Una empresa que cae a nuevos mínimos, puede ser una señal para agregarla a su cartera, pero recuerde que el precio bajo debe ser relativo al valor intrínseco.

No todos están de acuerdo

No existe un acuerdo universal sobre los méritos de la inversión en valor. Hay desacuerdo entre los creyentes de la teoría del mercado eficiente. Sostienen la opinión de que el precio de una acción refleja toda la información relevante. No debería sorprendernos que los inversores en valores no estén de acuerdo con esta evaluación del mercado. Creen, como ya sabe, que hay ineficiencias en el mercado que solo esperan ser descubiertas. La inversión en valor no es una forma llamativa de evaluar las acciones, pero pocos pueden discutir sus resultados cuando se aplican correctamente.

Bonos

Empezando

Mucha gente ha escuchado la palabra *bono* pero no todos saben lo que significa, por lo que haremos un breve repaso. Un bono no es más que un préstamo. Así como usted y yo necesitamos dinero, también lo necesitan los gobiernos y las empresas. El desafío al que se enfrentan tanto los gobiernos como las empresas es que la cantidad de fondos que necesitan es más de lo que la mayoría de los bancos están dispuestos a prestar. Es por eso por lo que los gobiernos y otros recurren a la emisión de bonos a posibles inversores.

La organización que vende el bono se denomina emisor y el inversor es el que presta el dinero. El inversor obviamente espera algo a cambio de prestar su dinero y el emisor lo compensa en forma de pagos de intereses. La tasa de interés a veces se llama cupón.

Los bonos se clasifican como valores de renta fija en el sentido de que usted sabe exactamente cuánto obtendrá a cambio si los mantiene hasta la fecha de vencimiento (la fecha en que el emisor tiene que devolver la cantidad prestada).

Bonos y acciones: las diferencias prácticas

Una acción le permite ser copropietario de una empresa; en cambio, invertir en bonos te convierte en acreedor, ya que los bonos son deuda. Ser acreedor tiene varias ventajas importantes. Uno de ellos es que, en caso de quiebra, se paga a los bonistas antes que a los accionistas. Los tenedores de bonos, por cierto, no tienen el placer de compartir las ganancias.

¿Por qué bonos?

Los inversores a menudo buscan bonos porque generalmente son menos riesgosos que las acciones, pero normalmente ofrecen rendimientos más bajos en comparación a largo plazo. La palabra clave aquí es normalmente, porque los bonos también pueden ser riesgosos y ofrecer un rendimiento más alto dependiendo de la clase de bonos.

Los bonos son apropiados cuando no tiene apetito por la volatilidad del mercado de valores. Hay varias situaciones en las que los bonos son la clase de activo preferida. La primera es la jubilación, en la que las personas normalmente viven de algún tipo de renta fija. La mayoría de los jubilados no tienen la opción de perder sus inversiones principales o básicas. Dependen de esta base para pagar sus facturas diarias. Entonces, para ellos, los bonos son una mejor opción.

Otro escenario en el que se prefieren los bonos es cualquiera con un horizonte temporal corto. Un ejemplo común son los padres jóvenes que buscan comprar una casa dentro de un año. Podemos estar de acuerdo en que las acciones brindan la oportunidad de un mayor crecimiento, pero los nuevos padres no pueden arriesgarse a perder dinero en el futuro cercano. La renta fija es, por tanto, el vehículo preferido para su situación.

Tipos de bonos

Comenzamos por los emitidos por un gobierno. Estos tipos de bonos generalmente se consideran seguros, pero existen niveles de seguridad. Los emitidos por el gobierno de EE. UU., Por ejemplo, los bonos del tesoro son seguros según los estándares del mercado. Los valores emitidos por países en desarrollo a menudo se clasifican como menos seguros debido al mayor riesgo de incumplimiento. Según mi experiencia, las deudas emitidas por los países en desarrollo deben evaluarse caso por caso porque algunas están calificadas incorrectamente.

Las corporaciones también pueden emitir bonos al igual que acciones. Varían de corto a largo plazo en términos de marco de tiempo. El mercado asume que las corporaciones tienen un mayor riesgo de incumplimiento que un gobierno y, como tales, esperan mayores rendimientos. Cuanto mayor sea la calidad crediticia de la empresa, menor será la tasa de interés que ofrecerá pagar. Por lo tanto, para una empresa, es importante obtener y mantener una buena calificación. Existe una clase de corporaciones conocidas como bonos basura y estos conllevan alto riesgo y alto rendimiento.

Grados de inversión

Bonos de grado de inversión: AAA, AA, A, BBB

Bonos sin grado de inversión: BB, CCC, CC, D

Criptomoneda

Las criptomonedas, también llamadas criptos, como clase de activo, no forman parte de la combinación de inversiones tradicional, pero deberían serlo. Califican porque, como clase de activo, no se correlacionan con otros activos, por ejemplo, acciones o materias primas. También pueden servir como cobertura para sus otras inversiones.

Comenzaremos con un vistazo a Bitcoin y pasaremos a algunos de los otros. Este no es un artículo de opinión o lo que personalmente siento por ellos; es simplemente para responder a la pregunta "¿agregarán valor a una cartera diversificada?" La respuesta es un claro sí. Los rendimientos de mercado de Bitcoin, en comparación con las acciones, están sorprendentemente a favor de Bitcoin. Para aquellos que todavía tienen la opinión de que esto es una moda pasajera, o simplemente desaparecerá, los hechos hasta la fecha no están a su favor. Aquí hay unos ejemplos.

Las muchas "muertes" de Bitcoin

Bitcoin ha "muerto" más de 150 veces. A continuación se muestran solo algunas de las predicciones tremendamente inexactas de la desaparición de Bitcoin.

- 11 de agosto de 2013 "Por qué Bitcoin está condenado al fracaso" – moneygeek | $ 93,43.

- 16 de noviembre de 2013 "Bitcoin es una broma" – Business Insider | $ 433,57.

- 4 de mayo de 2017 <u>"El principio del fin de Bitcoin"</u>: Daily Reckoning | $ 1541,90.

- 12 de julio de 2017 <u>"La aceptación de Bitcoin es prácticamente nula y se está reduciendo"</u> - Yahoo Finance | $ 2,410.55.

Algo de realidad

Fuente: Python Signals

¿Qué es?

Bitcoin es una moneda digital descentralizada (un activo digital). No es un activo tangible sino digital. Para los pocos que todavía pueden tener dudas, estas no son monedas reales que pueda tocar. Ningún gobierno lo posee. Puede transferir dinero rápidamente sin gobiernos o bancos por una tarifa baja. En su forma básica, es un libro de contabilidad público muy seguro (una especie de hoja de cálculo). Antes del dinero, había libros de contabilidad. Así es como las sociedades primitivas llevaban la cuenta de quién tenía e hizo qué. Las criptomonedas, como muchos dicen, son una evolución natural en la historia del dinero, desde el trueque hasta las monedas, pasando por el papel moneda y lo digital.

¿Seguro?

¿Qué pasa si alguien o algún grupo hackeara el libro mayor? Incluso si el 40% -49% fuera pirateado, la mayoría tendría la información correcta (el libro mayor está descentralizado). Siempre que la mayoría de los libros contables estén de acuerdo, la transacción es válida. Si alguna entidad intentara un ataque del 51% (mayoría), debe tener en cuenta que un ataque de esta magnitud requeriría fondos en el área de $ 500 millones para llevarlo a cabo. Además, un ataque de esta magnitud seria notado por la red con relativa rapidez.

Criptomonedas (además de Bitcoin): ¿Qué hacen?

Para las personas que todavía están asombradas por los increíbles movimientos de precios al alza que hemos visto en muchas de las criptomonedas, la pregunta que más recibo de los estudiantes y otros es "¿qué hacen?" Bitcoin, por supuesto, es el centro de atención, pero en cuanto a las otras criptomonedas, la mayoría de la gente está perdida. Echemos un vistazo a las monedas más populares y luego algunas reflexiones sobre los movimientos del mercado.

Ethereum (ETH): contratos programables

Bitcoin (BTC): movimiento de dinero, liquidación de transacciones, un activo digital

Dash (DASH): la característica clave es la privacidad

Litecoin (LTC): similar a Bitcoin pero más rápido

Ripple (XRP): red de liquidación de pagos empresarial

La realidad

La volatilidad que hemos visto con las criptomonedas, Bitcoin, por ejemplo, fue más severa en el pasado. Las criptomonedas, como otros mercados, pueden caer; este punto parecía una idea nueva para algunos. Cuando teníamos el avance con Bitcoin de $ 10,000 a más de $ 19,000, más rápido de lo que incluso el fanático más grande podría haber imaginado, se olvidó la desventaja. La reducción de la exageración inicial ha ayudado a madurar el mercado hasta el punto de que ahora es una clase de activos legítima. Si escribiera esto hace diez años, no habría provocado más que risas.

Liquidez

Un informe reciente mostró que el 50% de la actividad comercial se recibe de solo cinco criptos: Ethereum, Bitcoin, Litecoin, Ripple y Bitcoin Cash. Esto debería servir como advertencia para aquellos inversores que quieran mantener la liquidez. Muchas criptomonedas tienen menos de $ 10,000 en volumen de operaciones, algo que se debe evitar en cualquier cartera.

¿Qué debería tener realmente en su cartera de cripto?

Seleccione algunos y conózcalos bien. Como puede imaginar, ningún inversor suele estar expuesto a cincuenta monedas diferentes a la vez. La mayoría de las personas comienzan a invertir en criptomonedas invirtiendo en las más conocidas, por ejemplo, Bitcoin y Ethereum. Después de un tiempo, puede comenzar a expandir su universo criptográfico a medida que comprenda mejor cómo se mueven.

Francamente, la exageración en torno a las cripto necesitaba unas vacaciones por el bienestar a largo plazo de las criptomonedas. Creo que finalmente estamos llegando a ese punto. Soy muy consciente de que muchas personas han visto sus cuentas recibir algunos golpes de gracia. Para ser sincero, algunos se han rendido por completo con las criptomonedas. La mayoría de los inversores de cripto que se retiran son aquellos que se negaron o descuidaron recibir capacitación o asesoramiento calificado antes de sumergirse. A menudo he enfatizado en mis otros libros la importancia de la diversificación. Este es un concepto importante con todas las clases de activos, pero con las criptomonedas va de bueno de tener a necesario de tener. Este concepto de diversificación no es nada mágico ni un secreto profundo. El simple hecho de tener un conocimiento de los principios básicos de inversión junto con el análisis técnico habría ayudado a muchos con su estrategia y especialmente con su forma de pensar.

El portafolio

Las que consideraría incluir en una cartera de 2020 y más allá son Bitcoin, Ethereum, Ripple, Tether, Litecoin, EOS y Bitcoin Cash. Se seleccionan da partir de mi principio de que los inversores deben tener una cartera diversa de criptomonedas y solo invertir en aquellas con buena liquidez (según los estándares de criptomoneda). Todos los seleccionados se encuentran entre los quince primeros en términos de capitalización de mercado.

Tanto el nuevo entusiasta de la criptomoneda, como el más experimentado deben conocer las características únicas de la moneda individual. Cada activo cripto tiene características distintas en términos de comportamiento del mercado. También hemos visto que las altcoins tienen sus propias historias de movimiento de precios. Las altcoins son las monedas alternativas que han surgido basadas en la idea y / o el código básico de Bitcoin.

Ya no es válido decir, como se dijo en el pasado, que cualquier cosa que hagan Ethereum o Bitcoin en el mercado, las otras monedas reaccionarán con movimientos de precios similares. Por ejemplo, una disminución reciente en Bitcoin no condujo a una caída equivalente para muchas altcoins. Por el contrario, varios aumentaron de valor.

Bienes Raíces

Los bienes raíces son la clase de activos en la que cuanto menos complicado sea mantenerlo, mejor estará. Mi opinión sobre bienes raíces es que si compras, debes planear vivir allí durante al menos cinco años. Sí, hay personas que remodelan hogares en programas de televisión, pero la realidad a menudo no es tan glamorosa.

He sido propietario de un apartamento y casas en tres regiones diferentes del mundo (Europa, el Caribe y Estados Unidos). De esta experiencia global, cualquier propiedad que compraría ahora sería propiedades de inversión que puedo alquilar. Ser propietario tiene tantos costos ocultos, impuestos, reparaciones, etc., que a menos que tenga la intención de vivir allí durante mucho tiempo, debería convertirlo en un negocio e invertir en propiedades de alquiler.

Echemos un vistazo a diferentes formas de ingresar al mercado.

Alquiler de habitaciones

Por mucho, la forma más fácil de ingresar a una propiedad inmobiliaria es alquilar una habitación en su residencia actual. El punto importante aquí es hacer una autoevaluación honesta para establecer si puede lidiar con tener que compartir espacio con un extraño y todos los desafíos que conlleva. Algunos prueban el modelo tipo Airbnb al principio para probar su tolerancia a corto plazo, casi sin riesgos.

Fideicomisos de inversión inmobiliaria

Los REIT (fideicomisos de inversión inmobiliaria) son una forma de invertir en bienes raíces sin poseer ninguna propiedad física real. A veces se los compara con fondos mutuos y se sabe que pagan buenos dividendos. Las empresas que las respaldan suelen poseer una cartera de propiedades que incluye hoteles, edificios de oficinas y apartamentos. Algunos REIT se cotizan en bolsa, otros no. Le sugiero que, como inversor privado, mantenga los fondos negociados en bolsa para mejor liquidez. Las ganancias son excelentes, pero si no puede cobrarlas debido a problemas de liquidez, entonces es una broma triste.

Inversión en propiedades de alquiler

Muchas personas ingresan en esta área de inversión inicialmente comprando un lugar más grande de lo que necesitan y luego alquilando el espacio adicional. Este tipo de trato generalmente puede dejar al inversionista con una ganancia después de contabilizar todos los gastos. Desde aquí puede graduarse a otras propiedades y replicar el proceso, pero ahora no vive en la propiedad, la residencia es 100% renta. Esto es algo que estoy haciendo en el sur de Europa.

Esta forma de inversión requiere algunos deberes, como siempre. Necesitará saber cómo es el mercado de alquiler y cuáles son las proyecciones para el área. Al igual que con otras inversiones, debe sobrevivir a la falla no extendiéndose demasiado con crédito para adquirir la propiedad. Aquellos que estoy viendo son dónde puedo comprar propiedades con una oferta en efectivo. Esto se hace para asegurar un mejor precio de los vendedores.

Asignación de Activos en los Mercados de Capitales

Nuestro viaje ha llegado al punto ciego que tienen muchos inversores y es la asignación óptima de activos. La atención se centrará en los activos del mercado de capitales y no, por ejemplo, en los bienes raíces. La pregunta que debe responderse de inmediato es *"¿qué es la asignación de activos?"* Es la estrategia que lo guía en el proceso de dividir sus activos entre las diferentes clases de activos. Su objetivo como inversor es maximizar la rentabilidad manteniendo el riesgo al nivel más bajo posible. Simple, pero no fácil.

Perfiles de riesgo-recompensa de activos

Para lograr el objetivo de obtener la máxima rentabilidad con el menor riesgo posible, es necesario que conozca el perfil de riesgo-recompensa de las distintas clases de activos.

Mercados de dinero: Títulos de deuda, muy líquidos y con vencimientos menores a un año.

Renta Fija (Bonos): Paga una cantidad de interés regular y fija. Algunos también pagan intereses al vencimiento. Por lo general, tienen un nivel más bajo de volatilidad en comparación con las acciones. Sin embargo, no están totalmente libres de riesgos porque siempre existe el riesgo de incumplimiento.

Mercados en desarrollo (emergentes): acciones de países en desarrollo. Generalmente tienen el potencial de mayores retornos. No es de extrañar, el mayor potencial de rendimiento a menudo conlleva un mayor riesgo. Aquí, el panorama de riesgo incluye menor liquidez, escasa transparencia del mercado, problemas de regulación y riesgo país.

Acciones de pequeña capitalización: empresas con una capitalización de mercado (capitalización) de menos de $ 2 mil millones. Normalmente se colocan en una categoría de mayor riesgo que las empresas más grandes.

Acciones de mediana capitalización: empresas medianas con una capitalización de mercado generalmente de $ 2 mil millones a $ 10 mil millones.

Acciones de gran capitalización: grandes empresas con una capitalización de mercado de más de $ 10 mil millones.

Mi clasificación de riesgo bajo a alto: mercados monetarios, bonos (no clasificados como basura), acciones de gran capitalización, acciones de mediana capitalización, acciones de pequeña capitalización y mercados emergentes.

¿Qué es lo mejor para ti?

Cada clase de activo tiene diferentes niveles de rendimiento en relación con el riesgo al que está expuesta su cartera. Su tolerancia al riesgo, marco de tiempo y objetivos proporcionarán la base de la composición de su cartera. En un intento por facilitar el proceso de asignación de activos, los administradores de inversiones suelen crear diferentes carteras de modelos para los clientes, cada modelo tiene un porcentaje diferente de las clases de activos.

Las carteras a menudo varían de agresivas a conservadoras. El objetivo es tener algo para cada tipo de perfil de riesgo del inversor.

Portafolios modelo

Muy agresivo

Esta es una cartera casi totalmente de acciones. Su objetivo aquí es un crecimiento agresivo del valor de la cuenta a largo plazo. Ser agresivo normalmente conlleva un mayor riesgo. Esto se debe principalmente a la cantidad de volatilidad del mercado a la que estará expuesto. Si elige optar por este tipo de cartera, es común ver a corto plazo que el valor de su cuenta fluctuará ampliamente.

Estar libre de emociones es más importante con este modelo que con los demás. También debe saber que, en general, su estado emocional es uno de los factores más influyentes en la creación de beneficios de inversión.

Composición: 80% –100% de acciones y tal vez cantidades mínimas de efectivo o valores de renta fija

Agresivo

Su objetivo es la revalorización del capital a largo plazo. La cartera se compone principalmente de acciones; por lo tanto, debe esperar que el valor de su cuenta tenga fluctuaciones significativas. Los inversores de cartera agresivos a menudo agregarán algo de renta fija a su combinación de cartera.

Composición: 70% acciones, 20% –25% valores de renta fija y 5% – 10% efectivo

Equilibrado

Tiene los ingredientes de una cartera agresiva, pero el nivel de renta fija es notablemente más alto en comparación con los ejemplos de carteras anteriores. Este es un intento de proporcionar un equilibrio entre ingresos y crecimiento.

Si tiene un nivel medio de disposición al riesgo, esta estrategia es adecuada. El horizonte temporal es de tres a cinco años.

Composición: 50% acciones, 35% –40% valores de renta fija y 10% – 15% efectivo

Conservador

Su objetivo con una cartera conservadora es muy claro: preservación del capital y protección del valor de la cartera. También debe tener en cuenta que incluso una estrategia conservadora todavía tiene cierta exposición a las acciones, pero solo en pequeñas cantidades.

Composición: 70% –75% valores de renta fija, 15% –20% acciones y 5% –15% efectivo

Colocando todo junto

Como no conozco la situación personal de cada lector, las sugerencias del portafolio son solo eso, sugerencias y una guía para trabajar. Los dos parámetros más importantes en la creación de su cartera son su marco de tiempo y su apertura al riesgo. Por ejemplo, si estuviera en una situación en la que pudiera necesitar acceso a sus fondos con poca antelación, normalmente tendría un porcentaje mayor de sus inversiones en valores de renta fija a corto plazo. Si la liquidez a corto plazo no es un problema para usted, su cartera tendrá una mayor exposición a las acciones y será más baja en renta fija.

Su cartera requerirá una revisión periódica una vez que haya implementado su estrategia. Esto es para ajustar los cambios en el valor de las clases de activos. Es posible que se encuentre en la situación en la que comenzó con una estrategia conservadora, pero debido a los aumentos en el valor de sus acciones, ahora tiene un perfil de riesgo diferente al de su objetivo original. Para corregir esto y volver a su original, reequilibre su cartera vendiendo las porciones que han aumentado. Dado que estamos tratando con inversiones, no es nada que deba revisar a diario, pero trimestralmente es una buena regla general.

El Fondo Adecuado para Usted
(Mutuo, Índex y ETFs)

Los fondos gestionados activamente que están en el mercado son realmente una mezcla. Verá fondos que son populares durante un año o tal vez incluso un par de años, pero con el tiempo, tienen un rendimiento inferior al del mercado. Ingrese a fondos indexados; se ensamblan para rastrear o reflejar la composición de un índice de mercado. Algunos ejemplos son el Dow Jones Industrial Average (DJIA) o el Nasdaq Composite. Prefiero los fondos indexados pasivos a los fondos administrados con poca vacilación y la evidencia es convincente:

- La mayoría de los fondos gestionados activamente tienen un rendimiento inferior al del mercado y no logran superar a los fondos indexados.

- El fondo indexado promedio supera a los fondos promedio en unos pocos puntos porcentuales.

El "*secreto*" de los fondos indexados es que tienen un índice de gastos notablemente más bajo. Su costo de hacer negocios es simplemente menor. Los fondos indexados realizan menos operaciones y tienen menos personal, lo que se traduce en menores gastos. Esto es posible porque el objetivo del administrador es solo copiar el índice que sigue el fondo. La realidad es que puede tener fondos gestionados de forma activa que inicialmente superan a un fondo indexado, pero después de contabilizar los gastos de las operaciones y los equipos de gestión más caros... pierden.

Si bien prefiero los fondos indexados a otros tipos, es importante señalar que no están exentos de riesgos. Están rastreando un índice;

por lo tanto, el rendimiento de ese índice, bueno o malo se reflejará en el rendimiento del fondo indexado.

Fondos cotizados en bolsa (ETFs)

Otro posible componente de una cartera diversificada son los fondos cotizados en bolsa (ETFs). Son valores que rastrean un índice similar a los fondos indexados que hemos cubierto, pero se negocian como acciones. Una forma fácil de entenderlos es pensar en los ETFs como fondos mutuos que puede negociar como si estuviera negociando una acción.

¿Por qué los ETFs?

Obtienes la diversificación de un fondo indexado, pero tienes acceso al apalancamiento (uso del margen). Esta función normalmente no está disponible con fondos mutuos.

Los ETFs también ofrecen precios más precisos en el sentido de que el precio que recibe en la compra depende del momento del día en que compra. Por ejemplo, si realizó una orden de compra por la mañana cuando el fondo se negociaba a un precio inferior al de cierre, obtendrá el precio más bajo. Esto contrasta con los fondos mutuos tradicionales, que solo se cotizan una vez al día. Esto significa que todos los que compran el fondo mutuo ese día obtienen el mismo precio sin tener en cuenta a qué hora se realizó la compra. Esto puede no ser un gran problema para un pequeño inversor, pero una vez que las cantidades aumentan, la sensibilidad al precio es más importante. Es probable que no esté satisfecho cuando se vea obligado a comprar a un precio más alto que el que estaba disponible en el momento exacto en que realizó el pedido.

Inversiones Alternativas

Estas son las inversiones que no encajan fácilmente en las categorías de inversión tradicionales como bonos y acciones. Incluyo alternativas porque la gente tiene un interés creciente en ellas y también invierto en algunas; por lo tanto, puedo escribir por experiencia. Las inversiones alternativas pueden incluir cualquier cosa, desde vinos raros hasta monedas de oro, carteras y mucho más. Honestamente, me sorprendió saber cuántas personas gastan cantidades considerables de dinero en bolsos principalmente con fines de inversión. ¡Mucho más de lo que pensaba originalmente!

Mi consejo: solo compra cosas que conozcas bien y que disfrutes tenerlas cerca porque es posible que te quedes atascado con ellas durante mucho tiempo. Los dos principales desafíos con esta clase de inversión son la liquidez y la dificultad para acordar el valor real (en la mayoría de los casos). Miremos esto un poco más profundo. Las acciones son líquidas en su mayor parte: si necesita venderlas, generalmente puede lograrlo en unos pocos segundos o minutos. Si necesita determinar el valor, puede verificar el último precio de mercado cotizado. Volviendo al mundo de los bolsos únicos, vinos, etc., carece de un mercado central; por lo tanto, se encuentra en un entorno de venta libre en el que depende de usted y su contraparte (el vendedor) determinar el precio. En términos de liquidez, el mercado de arte o relojes caros claramente no es tan grande como, por ejemplo, una acción popular. Quienes estén considerando estos elementos, deben investigar cuál es la liquidez de facto. También debe invertir solo en algo que le brinde placer entre ventas.

Siguiendo mi propio consejo de comprar lo que conoces y disfrutas, puedo volverme un poco loco con los relojes. Me encanta y disfruto usar relojes de cierto nivel, que algunos podrían llamar relojes de lujo. Si posee una de las marcas conocidas como Rolex, generalmente puede venderlas rápidamente. Hubo un momento en la vida en el que necesitaba tener efectivo casi al instante y lo que me salvó fueron dos relojes de mi colección. Uno lo vendí en menos de cuarenta y ocho horas, el otro tardó un poco más, pero todavía estaba relativamente líquido. Los relojes siguen siendo mis inversiones alternativas favoritas, porque además de su liquidez, son fáciles de transportar. Puedo colocar uno en mi muñeca o deslizar uno en mi bolsillo sin llamar demasiado la atención.

Las inversiones alternativas solo deben considerarse después de que se hayan cuidado los activos tradicionales y tenga algo de dinero para *"jugar"*. Como mencioné en la introducción del libro, el objetivo es la libertad y podemos ser creativos para llegar allí. Las inversiones alternativas, similares a las criptomonedas que analizamos anteriormente, pueden ser parte de la mezcla. Si su tiempo y / o dinero se utilizan para adquirir activos que generen más dinero, probablemente encajará en la matriz de inversión. Siempre podemos debatir cuál es más eficiente, pero si en lo que invierte genera más dinero, al menos va en la dirección correcta. Obtener el teléfono inteligente o los jeans más nuevos no está en mi lista.

Emprendimiento

E sta es la parte que a menudo se pasa por alto en la mayoría de las estrategias de inversión. Como también dije al principio del libro, iremos *"más allá de las estrategias de inversión tradicionales"* y este es otro ejemplo. Siempre recomiendo que los clientes tengan algún tipo de negocio, aunque sea solo un hobby. Esta sección cubrirá cómo iniciar un negocio además de su trabajo de tiempo completo. Con este enfoque a tiempo parcial, puede realizar una transición gradual hacia el espíritu empresarial. Dada la incertidumbre interminable en el mercado laboral, y junto con las posibles ventajas fiscales, tener un negocio secundario es algo bueno.

Seré transparente y afirmaré que esta no es una sección completa de *"cómo iniciar un negocio"*. Sin embargo, en los siguientes párrafos, compartiré los componentes esenciales que deben estar en su lugar para ejecutar esta parte de su estrategia. Mis estrategias son para aquellos que creen en la versión auténtica del emprendimiento: un negocio con productos o servicios que ofrece valor real a los clientes. El objetivo no es recaudar dinero y conseguir financiación.

Escalabilidad

A menos que su idea de negocio tenga la capacidad de escalar, siga trabajando en su idea hasta que lo haga. Resista la tentación de iniciar un negocio hasta que pueda resolverlo. Un ejemplo rápido para aquellos que no están familiarizados con el concepto de escalable: su empresa puede manejar un pedido de mil unidades con casi la misma facilidad que un pedido de cien.

Empiece a tiempo parcial

Desarrollar su negocio mientras todavía está empleado le permite evitar el estrés de la incertidumbre económica que puede acompañarlo. Si termina en la situación soñada de tener un negocio paralelo rentable, puede continuar escalando para convertirlo en su principal fuente de ingresos.

Desarrollando los músculos de su negocio

Las habilidades para dirigir una empresa, como era de esperar, se desarrollan a partir de la práctica y el entrenamiento deliberados. Tomar clases puede ser útil, pero en última instancia, necesitará el asesoramiento o la orientación de alguien que tenga o haya tenido un negocio rentable. Si se hace correctamente, esto le ahorrará tiempo y, al final, dinero.

Conectando ventas y marketing

A medida que avanza con su negocio, es importante que sus correos electrónicos y su sitio web se conecten con el objetivo final de sus clientes potenciales. Si no sabe cuál es este objetivo, es fundamental que lo resuelva lo más rápido posible. Este conocimiento es una de las claves para incrementar tus ventas. Mi firma, GCMS, se especializa en educación práctica sobre mercados de capitales, pero los objetivos finales de nuestros clientes son conseguir un nuevo trabajo o mejorar sus conocimientos de inversión. Por lo tanto, todos nuestros materiales de marketing se centran en estos objetivos. Esto se remonta al concepto empresarial clásico de separar los beneficios de un producto de sus características.

Aquí hay un extracto de mi libro *Tu Primer Emprendimiento (Libro 2): Los Próximos Pasos*, que ha podido ayudar a muchos en su camino hacia el espíritu empresarial.

Extracto de *Tu Primer Emprendimiento (Libro 2): Los Próximos Pasos*

Mentalidad

Este tema siempre forma parte de mis libros de negocios porque es más crítico que cualquier tecnología o estrategia comercial. Si no tiene la mentalidad correcta para desarrollar un negocio escalable, entonces todo el software del mundo será inútil para usted.

Bueno, la pregunta obvia es ¿qué es esta "mentalidad"? ¿Es simplemente una falsa motivación, un sin sentido de los llamados gurús? En absoluto, es simplemente tener la disciplina para continuar el viaje sin importar lo que suceda. Muchas personas desarrollan esta fortaleza mental de "seguir avanzando sin importar qué" gracias a los deportes (yo lo hice). Afortunadamente, NO es la única forma de desarrollar este tipo de fuerza, un ejemplo que me encanta utilizar son los músicos clásicos. Cualquiera que haya conocido a uno sabe de las horas que dedica a perfeccionar su oficio. Muchas de las personas que superan los tiempos difíciles que vendrán de los negocios suelen tener alguna otra área que les ayudó a desarrollar este rasgo. Recuerde que incluso los pasos más pequeños lo hacen avanzar.

Éxito

Una parte clave de la mentalidad es determinar por sí mismo qué es el éxito para USTED. Evite la trampa de copiar la visión de éxito de otras personas. Para usted, podría ser un ingreso para complementar lo que gana en su empleo o podría ser un ingreso que reemplace su empleo por completo. Otra persona podría tener un objetivo más filantrópico, por ejemplo, hacer un cambio en la sociedad que no tenga nada que ver con obtener ganancias financieras. Tenga en cuenta que una organización sin fines de lucro no es igual que una pérdida. Incluso estas organizaciones necesitan y utilizan muchos principios del mundo de los emprendimientos, incluidos algunos de los que se describen en este libro.

Una vez que haya determinado qué es el éxito para usted, se deben tomar los pasos necesarios para lograrlo. Me lo han dicho muchas veces y sigue siendo cierto: "No damos un paso hacia el futuro o simplemente llegamos al mismo; lo creamos a partir de lo que estamos haciendo hoy ". Lo que cosechas en seis meses o seis años, justa o injustamente, proviene principalmente de lo que estás plantando ahora. Le sugiero que se pregunte: "¿Qué estoy plantando?"

Próximos Pasos

Cuando esté listo para comenzar, contácteme

Espero sinceramente que este libro práctico le sea de utilidad. Sin embargo, también me doy cuenta de que los libros tienen limitaciones y para aquellos que deseen más capacitación práctica, comuníquese conmigo aquí: www.gcmsonline.info, donde puedo responderle.

Si no ha leído ninguno de mis otros libros, lo invito a que lo haga porque contienen lecciones valiosas que serán útiles para su desarrollo como inversionista.

Algunos de mis otros libros que son más relevantes para la inversión incluyen:

Tu Primer Emprendimiento

Dominio de la Clase de Activos

El Siguiente Nivel de Inversión en Criptomonedas

Acerca del Autor

Wayne Walker es el director de una empresa de consultoría y educación en mercados de capitales globales (gcmsonline.info). Tiene varios años de experiencia en la dirección y coaching de equipos de asesores de inversión y ha dirigido equipos de alto rendimiento en el grupo de clientes privados basados en Bench Mark Earnings (BME). Wayne ha capacitado a operadores del programa Citi-FX Pro en Londres. También desarrolló el programa Trading Rights (Derechos de Negociaciones) en Saxo Bank, el cual los Asesores de Inversión debían completar antes de poder operar. Es un comerciante certificado por la Directiva de Mercados de Instrumentos Financieros (MiFID) de la UE y está calificado para asesorar clientes "A".

Wayne es un comentarista de mercados de capitales invitado con frecuencia en varios programas internacionales de radio y televisión.

Wayne tiene varias certificaciones y ha trabajado en los siguientes puestos:

- Director- Fundador, (GCMS) Global Capital Market Solutions, Dinamarca

- Autor de Reality Based Trading Guide,(utilizado en nuestras clases en Copenhague Business School y otras universidades en la EU)

- Gerente de Comercialización de Ventas, Norteamérica y Medio Oriente, Saxo Bank, Dinamarca.

- B.sc State University of New York, College at Buffalo, USA

- NASD Series 3 – Licencia para operar y asesorar sobre contratos de futuros en el mercado estadounidense

- Certificado de negociación ACI (mercados financieros): aprobado con distinción (nivel más alto), Francia

- Capacitación en el software de cotización de Opciones FX de Bloomberg & UBS Bank

www.ingramcontent.com/pod-product-compliance
Lightning Source LLC
Chambersburg PA
CBHW021914170526
45157CB00005B/2067